40 Minutos

DE ESTUDIO BÍBLICO

PROGRAMA DE
ESTUDIO
EN 6 SEMANAS

¿CÓMO

SABES QUE

DIOS ES TU

PADRE?

MINISTERIOS
PRECEPTO
INTERNACIONAL

KAY ARTHUR
DAVID &
BJ LAWSON

¿Cómo Sabes Que Dios Es Tu Padre?
Publicado en inglés por WaterBrook Press
12265 Oracle Boulevard, Suite 200
Colorado Springs, Colorado 80921
Una división de Random House Inc.

Todas las citas bíblicas han sido tomadas de la Nueva Biblia Latinoamericana de Hoy;
© Copyright 2005
Por la Fundación Lockman.
Usadas con permiso (www.lockman.org).

ISBN 978-1-62119-216-9

2015 – Edición Estados Unidos

Este estudio bíblico ha sido diseñado para grupos pequeños que están interesados en conocer la Biblia, pero que disponen de poco tiempo para reunirse. Por ejemplo, es ideal para grupos que se reúnen a la hora de almuerzo en el trabajo, para estudios bíblicos de hombres, para grupos de estudio de damas, para clases pequeñas de Escuela Dominical o incluso para devocionales familiares. También, es ideal para grupos que se reúnen durante períodos más largos – como por las noches o los sábados por la mañana – pero que sólo quieren dedicar una parte de su tiempo al estudio bíblico, reservando el resto del tiempo para la oración, comunión y otras actividades.

Este libro está diseñado de tal forma que el grupo tendrá que realizar la tarea de cada lección al mismo tiempo que se realiza el estudio. El discutir las observaciones a partir de lo que Dios dice acerca del tema revela verdades emocionantes e impactantes.

Aunque es un estudio grupal, se necesitará un facilitador para dirigir al grupo – alguien que permita que la discusión se mantenga activa. La función de esta persona no es la de conferencista o maestro. No obstante, cuando este libro se usa en una clase de Escuela Dominical o en una reunión similar, el maestro debe sentirse en libertad de dirigir el estudio de forma más abierta, dando otras observaciones además de las que se encuentran en la lección semanal.

Si eres el facilitador del grupo, el líder, a continuación encontrarás algunas recomendaciones para hacer más fácil tu trabajo:

- Antes de dirigir al grupo, revisa toda la lección y marca el texto. Esto te familiarizará con el contenido y te capacitará para ayudar al grupo con mayor facilidad. Te será más cómodo dirigir al grupo siguiendo las instrucciones de cómo marcar, si tú como líder escoges un color específico para cada símbolo que marques.

- Al dirigir el grupo, comienza por el inicio del texto y lee en voz alta siguiendo el orden que aparece en la lección, incluyendo los "cuadros de aclaración" que pueden aparecer. Trabajen la lección juntos, observando y discutiendo lo que aprenden. Al leer los versículos bíblicos, haz que el grupo diga en voz alta la palabra que se está marcando en el texto.

- Las preguntas de discusión sirven para ayudarte a cubrir toda la lección. A medida que la clase participe en la discusión, muchas veces te darás cuenta de que ellos responderán a las preguntas por sí mismos. Ten presente que las preguntas de discusión son para guiar al grupo en el tema, no para suprimir la discusión.

- Recuerda lo importante que es para la gente el expresar sus respuestas y descubrimientos. Esto fortalece grandemente su entendimiento personal de la lección semanal. Asegúrate de que todos tengan oportunidad de contribuir en la discusión semanal.

- Mantén la discusión activa. Esto puede significar el pasar más tiempo en algunas partes del estudio que en otras. De ser necesario, siéntete en libertad de desarrollar una lección en más de una sesión. Sin embargo, recuerda que no debes ir a un ritmo muy lento. Es mejor que cada uno sienta que contribuye a la discusión semanal, "que deseen más", a que se retiren por falta de interés.

- Si las respuestas del grupo no te parecen adecuadas, puedes recordarles cortésmente, que deben mantenerse enfocados en la verdad de las Escrituras. La meta es aprender lo que la Biblia dice, no adaptarse a filosofías humanas. Sujétate únicamente a las Escrituras y permite que Dios te hable. ¡Su Palabra es verdad (Juan 17:17)!

¿CÓMO SABES QUE DIOS ES TU PADRE?

Durante Su ministerio, Jesús se dirigió a líderes religiosos y les dijo: "ustedes son de su padre el diablo" (Juan 8:44). Qué gran afrenta debe haber sido para aquellos hombres que creían tener a Dios como su padre.

¿Cuál es la apariencia de un cristiano genuino? ¿Te has preguntado esto alguna vez? ¿Y qué de ti? ¿Sabes si vas a ir al cielo? ¿Puede alguien saberlo con seguridad?

Hemos aconsejado a mucha gente con dificultades, con dudas sobre su relación con Dios. Esa es una desdichada manera de vivir, siempre dudando, siempre esperanzados y nunca con certeza. No tienen gozo, ni paz, ni confianza, sólo angustia.

Con la eternidad colgando de la balanza, tú necesitas saber cómo estás con Dios. En otras palabras, ¿quién es tu padre—Dios o el diablo?

En las próximas seis semanas estudiaremos juntos 1 Juan y buscaremos respuestas a esta pregunta. Algunas veces la verdad te emocionará, otras veces alabarás a Dios por la forma en que Él se revela y en ocasiones la verdad te hará sentir muy incómodo. La verdad logra hacer eso. Pero por favor no desmayes, porque la verdad también te hará libre.

Juan, uno de los discípulos de Jesús, escribió cinco libros de la Biblia. Uno de ellos, una carta conocida como 1 Juan, fue escrita para responder la pregunta: "¿Cómo sabes que Dios es tu Padre?" Vamos a comenzar nuestro estudio dejando que Juan nos diga exactamente por qué la escribió.

OBSERVA

Líder: Lee en voz alta 1 Juan 1:1-4; 2:1-2, 26 y 5:13, impresos para ti en la columna de al lado en las páginas 3-5.

* *Subraya las palabras escribimos, escribo o escrito con una línea ondulada como ésta:* ∿∿∿

Pide al grupo que diga en voz alta las palabras que están marcando. De esta manera nadie pasará por alto marcar alguna de las palabras. Haz esto durante el estudio.

DISCUTE

* Mira cada lugar donde marcaste las palabras anteriores. De acuerdo a estos versículos, ¿por qué escribe Juan esta carta? ¿Cuáles son las razones que da?
* ¿Cuál es la última razón que Juan da en 1

1 Juan 1:1-4

¹ Lo que existía desde el principio, lo que hemos oído, lo que hemos visto con nuestros propios ojos, lo que hemos contemplado y lo que han tocado nuestras manos, esto escribimos acerca del Verbo de Vida.

² Y la Vida (Cristo) se manifestó. Nosotros la hemos visto, y damos testimonio y les anunciamos a ustedes la vida eterna que estaba con el Padre y se manifestó a nosotros.

³ Lo que hemos visto y oído les proclamamos también a ustedes, para que también ustedes tengan comunión con nosotros. En verdad nuestra comunión es con el Padre y con Su Hijo Jesucristo.

⁴ Les escribimos estas cosas para que nuestro gozo sea completo.

1 Juan 2:1-2

¹ Hijitos míos, les escribo estas cosas para que no pequen. Y si alguien peca, tenemos Abogado para con el Padre, a Jesucristo el Justo.

² Él mismo es la propiciación por nuestros pecados, y no sólo por los nuestros, sino también por los del mundo entero.

Juan 5:13?

• ¿Por qué crees que era importante que sus lectores supieran que tenían vida eterna?

• ¿Qué te dice 1 Juan 5:13 acerca de la vida eterna? Mucha gente dice que no sabrás si irás al cielo, hasta que estés ante la presencia de Dios y Él pese lo bueno y lo malo de ti. Pero según 1 Juan 5:13 ¿es verdad eso?

1 Juan 2:26

Les he escrito estas cosas respecto a los que están tratando de engañarlos.

1 Juan 5:13

Estas cosas les he escrito a ustedes que creen en el nombre del Hijo de Dios, para que sepan que tienen vida eterna.

1 Juan 1:1-3

¹Lo que existía desde el principio, lo que hemos oído, lo que hemos visto con nuestros propios ojos, lo que hemos contemplado y lo que han tocado nuestras manos, esto escribimos acerca del Verbo de Vida.

²Y la Vida se manifestó. Nosotros la hemos visto, y damos testimonio y les anunciamos a ustedes la vida eterna que estaba con el Padre y se manifestó a nosotros.

³Lo que hemos visto y oído les proclamamos también a ustedes, para que también ustedes tengan comunión con nosotros. En verdad nuestra comunión es con el Padre y con Su Hijo Jesucristo.

OBSERVA

Líder: Lee en voz alta 1 Juan 1:1-3. Esta vez instruye al grupo a marcar...
* *toda referencia al autor, encerrando en una casilla los pronombres* **hemos**, **nosotros** *y* **nuestros/as**:
* *el **Verbo de Vida** (que es una referencia a Jesucristo) y cualquier otro sinónimo con una cruz:* ✝

DISCUTE:
* ¿Qué aprendes acerca de Juan al marcar las referencias a los pronombres *hemos*, *nosotros* y *nuestros/as*?

* ¿Qué aprendes al marcar las referencias a *Jesucristo*, el Verbo de Vida?

* ¿Por qué crees que Juan dice esto a los destinatarios de su carta? ¿Qué reacción causaría esta información en ellos? ¿Significa esto algo para ti?

OBSERVA:

Líder: Lee 1 Juan 1:5-10. Pide al grupo que repita en voz alta y marque:

- *toda referencia a **Dios** (incluyendo **Él** y **Su**) con un triángulo como éste:* △
- *toda referencia a **Jesucristo** con una cruz:* ✝

Ahora lee otra vez el texto y marca:

- *encerrando en un círculo las palabras **tinieblas** y **luz**; traza una diagonal a través de tinieblas de esta forma:* ⊘
- *la palabra **pecado(s)** marcando una **P** grande sobre ella.*

Lee nuevamente 1 Juan 1:5-10. Esta vez pide al grupo que marque:

- *las palabras, **hemos**, **nosotros** y **nos** con un cuadro.*
- *comunión, así:* ⛵

ACLARACIÓN

La palabra Griega para *comunión* es *koinonía*, que significa "compartir en común". Alguien ha dicho, "¡son dos camaradas en un mismo barco!"

1 Juan 1:5-10

5 Y éste es el mensaje que hemos oído de Él y que les anunciamos: Dios es Luz, y en Él no hay ninguna tiniebla.

6 Si decimos que tenemos comunión con Él, pero andamos en tinieblas, mentimos y no practicamos la verdad.

7 Pero si andamos en la Luz, como Él está en la Luz, tenemos comunión los unos con los otros, y la sangre de Jesús Su Hijo nos limpia de todo pecado.

8 Si decimos que no tenemos pecado, nos engañamos a nosotros mismos y la verdad no está en nosotros.

⁹ Si confesamos nuestros pecados, Él es fiel y justo para perdonarnos los pecados y para limpiarnos de toda maldad.

¹⁰ Si decimos que no hemos pecado, Lo hacemos a Él mentiroso y Su palabra no está en nosotros.

DISCUTE

• ¿Qué aprendiste al marcar *Dios*?

• ¿Qué aprendes al marcar la palabra *comunión?*

• Si andamos en la luz ¿cuáles son las dos cosas que son verdad, según el versículo 7?

• Si has pecado, ¿qué es lo que debes hacer? (Mira los lugares donde marcaste *pecado* con una **P**).

• ¿Qué sucede si confieso mi pecado? ¿Cuáles son las dos cosas que Dios hace si confieso mis pecados?

OBSERVA:

Líder: Lee en voz alta el cuadro de aclaración acerca del pecado.

ACLARACIÓN

En la Biblia hay muchos versículos que nos dan una definición del pecado.

Pecado es...
- quebrantar la ley de Dios.
- rehusar creer en Jesús.
- saber hacer lo bueno y no hacerlo.
- desobediencia.
- no obrar en base a la fe.
- andar en nuestro propio camino.
- no dar en el blanco, no alcanzar el ideal de Dios.

DISCUTE
- ¿Conoces a alguna persona que se llama a sí misma cristiana pero que camina en tinieblas como una práctica común de su vida? ¿Qué te dice 1 Juan 1:5-10 acerca de esta persona?

Mateo 5:14-16

[14] "Ustedes son la luz del mundo. Una ciudad situada sobre un monte no se puede ocultar;

[15] ni se enciende una lámpara y se pone debajo de una vasija (un almud), sino sobre el candelero, y alumbra a todos los que están en la casa.

[16] Así brille la luz de ustedes delante de los hombres, para que vean sus buenas acciones y glorifiquen a su Padre que está en los cielos.

OBSERVA

Dios es luz y en Él no hay tiniebla alguna. Aquellos que dicen que Dios es su Padre deben andar en la luz, así como Él está en la luz. Jesús habló acerca de la luz en un sermón que predicó, el Sermón del Monte. No tenemos tiempo de leerlo todo. Sin embargo, vamos a ver una pequeña parte de él para aprender acerca de la luz.

Líder: *Lee en voz alta Mateo 5:14-16. Pide al grupo que repita en voz alta las palabras que están marcando.*
* *Marque toda referencia a la **luz** con un círculo como lo has estado haciendo.*
* *Subraye cada palabra **ustedes** y **sus**.*

DISCUTE
* ¿Qué aprendiste al marcar la palabra *luz*?

* Si Dios es mi Padre, ¿qué va a glorificarlo?

- ¿Cómo permitimos que nuestra luz brille ante otros?

- Según lo que has aprendido hoy, ¿qué tan importante es la manera como vivimos?

- ¿Tu vida evidencia una relación con Dios o una falta de relación con Él?

- ¿Qué de aquellos que están en la iglesia y dicen conocer a Dios? ¿Dónde se encuentran en la escala de una relación genuina con Dios?

- ¿Dónde te encuentras tú en esa escala?

FINALIZANDO

Juan fue un testigo ocular de la vida, muerte y resurrección de Jesucristo. Fue un discípulo, un aprendiz de Jesús. Es más, era uno del grupo selecto de los doce apóstoles. Él fue comisionado por Jesucristo para hablar y escribir con Su autoridad. Estamos estudiando las palabras de un hombre que conoció a Jesús de manera íntima y personal. Un hombre que caminó con Él y lo escuchó cuando enseñaba. Lo que Juan escribió fue inspirado por Dios y sin ningún error. Por lo tanto, debemos escuchar y prestar atención a lo que dice el Espíritu Santo.

Dios es luz y en Él no hay tinieblas. Aquellos que dicen tener comunión con Él deben andar en la luz. La pregunta es, ¿estás caminando en la luz? Caminar en la luz es vivir tu vida de tal forma, que sin importar quién te vea, nunca te avergüences de lo que estás haciendo. ¿Estás permitiendo que tu luz brille delante de los hombres de tal forma que ellos vean tus buenas obras y glorifiquen a Dios?

El apóstol Juan, al escribir esta carta, quiso que supiéramos si tenemos o no vida eterna. Todo lo que estudiemos en esta carta se relaciona con este propósito. Necesitas y debes saber esto. La eternidad está en la balanza. ¿Tienes vida eterna? ¿Estás caminando en la luz?

La próxima semana continuaremos nuestro estudio de 1 Juan y aprenderemos más sobre las características de un hijo de Dios, contrastándolas con las de un hijo del diablo.

La semana pasada aprendimos sobre el caminar en la luz. Esta semana continuaremos nuestro estudio a través de 1 Juan 2, donde aprenderemos más acerca de la luz y de las tinieblas, de conocer a Dios y de permanecer en Él.

OBSERVA

Líder: Lee 1 Juan 2:1-6 en voz alta. Pide al grupo que:
- *Marque **pecado(s)** con una **P** grande, incluyendo sus pronombres.*
- *Marque toda referencia a **Jesucristo** incluyendo sus pronombres con una cruz.* ✝

Ahora léelo una vez más y hagan lo siguiente:
- *Marquen toda referencia a **permanecer**. Ya que la palabra "permanecer" significa "morar en" usa este símbolo:* ⌂
- *Marquen **saber** y conocer con una **S** grande.*

DISCUTE
- De acuerdo al versículo 1, ¿por qué escribe Juan?

- ¿Qué aprendes al marcar las referencias a Jesucristo?

1 Juan 2:1-6

[1] Hijitos míos, les escribo estas cosas para que no pequen. Y si alguien peca, tenemos Abogado para con el Padre, a Jesucristo el Justo.

[2] Él mismo es la propiciación[a] por nuestros pecados, y no sólo por los nuestros, sino también por los del mundo entero.

[3] Y en esto sabemos que Lo hemos llegado a conocer: si guardamos Sus mandamientos.

⁴ El que dice: "Yo Lo he llegado a conocer," y no guarda Sus mandamientos, es un mentiroso y la verdad no está en él.

⁵ Pero el que guarda Su palabra, en él verdaderamente se ha perfeccionado el amor de Dios. En esto sabemos que estamos en Él.

⁶ El que dice que permanece en Él, debe andar como Él anduvo.

ACLARACIÓN

Un "abogado" es un defensor, alguien que está de nuestro lado. Algunas veces se hace referencia al abogado llamándole defensor.

En el Antiguo Testamento, el lugar del tabernáculo donde Dios se encontraba con el hombre se llamaba "propiciatorio". Cuando decimos que Jesús es nuestra propiciación, significa que es en Él donde encontramos a Dios y quien nos perdona de nuestros pecados.

• ¿Qué aprendes al marcar las palabras *saber* o *conocer*? ¿Qué se puede saber? ¿Según el texto cuáles son las evidencias?

OBSERVA
Líder: Lee otra vez 1 Juan 2:4-6.
 • *Subraya **el que dice**, así:* 〜〜〜

DISCUTE
 • ¿Qué aprendes al marcar *el que dice*?

OBSERVA

Hasta aquí hemos visto que caminar en la luz y guardar Sus mandamientos son características de un hijo de Dios. Juan también dice que el que permanece en Jesucristo debe andar como Cristo anduvo. Pero, ¿cómo anduvo Cristo? ¿En realidad podemos andar como Él lo hizo?

Consideremos esta idea y veamos lo que dicen las Escrituras.

Líder: Lee en voz alta Juan 5:19 y 8:28.
- *Marca toda referencia a **Jesús** con una cruz.*
- *Subraya con doble línea toda referencia a **hacer, hace.***

DISCUTE

- ¿Qué aprendes al marcar la palabra *Jesús?*

- Si andas como Jesús anduvo, ¿qué tratarás de hacer?

Juan 5:19

Por eso Jesús les decía: "En verdad les digo que el Hijo no puede hacer nada por su cuenta, sino lo que ve hacer al Padre; porque todo lo que hace el Padre, eso también hace el Hijo de igual manera.

Juan 8:28

Por eso Jesús les dijo: "Cuando ustedes levanten al Hijo del Hombre, entonces sabrán que Yo soy y que no hago nada por Mi cuenta, sino que hablo estas cosas como el Padre Me enseñó.

1 Juan 2:9-11

⁹ El que dice que está en la Luz y aborrece a su hermano, está aún en tinieblas.

¹⁰ El que ama a su hermano, permanece en la Luz y no hay causa de tropiezo en él.

¹¹ Pero el que aborrece a su hermano, está en tinieblas y anda en tinieblas, y no sabe adónde va, porque las tinieblas han cegado sus ojos.

OBSERVA

Líder: Lee en voz alta 1 Juan 2:9-11. Pide al grupo que repita las siguientes palabras, en voz alta, al marcarlas.

- *luz* ◯ *y tinieblas* ⬭ *como lo hiciste antes.*
- *referencias a amor* ♡ *y aborrecer* ⬭.
- *permanecer con una casa como ésta:* ⌂

Líder: Lee en voz alta el siguiente cuadro.

ACLARACIÓN

En el griego, el idioma del Nuevo Testamento, los verbos en tiempo presente significan un proceso continuo o acción habitual. El tiempo perfecto del griego significa que una acción fue completada en el pasado, permaneciendo los resultados en el presente.

En Juan 2:9, la palabra griega *aborrece* está en tiempo presente. Por lo tanto, este pasaje no está haciendo referencia a un solo evento de aborrecer, sino a un patrón continuo de conducta.

El verbo griego para *amar* en 1 Juan 2:10 está también en tiempo presente, al igual que *permanece*.

DISCUTE

- ¿Cuáles son las características de alguien que anda en tinieblas?

- ¿Cuáles son las características de alguien que anda en la luz?

- En 1 Juan 1:5-6 aprendiste que Dios es luz. ¿Dónde andan aquellos que conocen a Dios?

- ¿Cuál es la relación entre amor y luz?

- ¿Cuál es la relación entre aborrecer y tinieblas?

- ¿Cuál es la apariencia de un cristiano, de acuerdo a este pasaje? ¿Cuál es la apariencia de un no cristiano, de acuerdo a este pasaje?

- ¿Estás caminando en amor con tu hermano?

Lucas 6:31-35

³¹ Y así como quieran que los hombres les hagan a ustedes, hagan con ellos de la misma manera.

³² Si aman a los que los aman, ¿qué mérito tienen? Porque también los pecadores aman a los que los aman.

³³ Si hacen bien a los que les hacen bien, ¿qué mérito tienen? Porque también los pecadores hacen lo mismo.

³⁴ Si prestan a aquéllos de quienes esperan recibir, ¿qué mérito tienen? También los pecadores prestan a los pecadores para recibir de ellos la misma cantidad.

OBSERVA

¿Quién es tu "hermano?" En esta carta, Juan probablemente tiene en mente a sus amigos cristianos como "hermanos en el Señor". Una característica de aquellos que tienen vida eterna es que actúan en amor con sus amigos cristianos. ¿Significa esto que podemos aborrecer a alguien que no sea de la familia de la fe? Para responder a esta pregunta mira las palabras de Jesús en el siguiente pasaje.

Líder: Mientras lees en Lucas 6:31-35, pide al grupo que repitan en voz alta y marque lo siguiente:

- *amor con un corazón como lo has estado haciendo.*
- *toda referencia a los pecadores con una P y luego subrayarla.*
- *toda referencia a Dios con un triángulo:* △

DISCUTE

- ¿Qué aprendiste al marcar *amor*?

- ¿Cómo debemos tratar a otros?

- ¿Qué aprendes acerca de Dios en estos versículos?

- De acuerdo a este pasaje, ¿qué debe hacer un seguidor de Jesucristo? ¿A quién? ¿Por qué?

- Resume lo que has aprendido esta semana acerca de los hijos de Dios.

- ¿Qué has aprendido para tu vida personal en esta semana?

35 Antes bien, amen a sus enemigos, y hagan bien, y presten no esperando nada a cambio[o], y su recompensa será grande, y serán hijos del Altísimo; porque El es bondadoso para con los ingratos y perversos.

FINALIZANDO

Permanecer en Cristo significa estar en casa con Él—morar con Él, que Él viva dentro de ti.

Una característica de permanecer en Cristo es andar en amor. La idea bíblica de amor es más que la de una emoción; implica suplir necesidades. Amar a nuestro hermano (o a otro) es suplir sus necesidades. ¿Qué necesita tu hermano? ¿Aceptación? ¿Amistad? ¿Comprensión? ¿Alguien que le diga la verdad de forma gentil y en amor?

¿Estás amando a la gente que Dios ha puesto en tu vida? ¿Estás supliendo sus necesidades? O, ¿sólo estás tratando de suplir tus propias necesidades?

¿Qué haría Jesús? Él haría lo que vio hacer a Su Padre. De tal manera amó Dios al mundo que dio a Su Hijo unigénito. La entrega abnegada y la bondad son características de Dios Padre. ¡Qué diferencia con Satanás, quien es un homicida (Juan 8:44)!

Has logrado cubrir bastante material esta semana. Que el Señor te bendiga y te guarde y que puedas caminar en amor.

La semana pasada vimos que alguien que "aborrece a su hermano" está caminando en tinieblas, mientras que alguien que "ama a su hermano" está caminado en la luz. Dios es muy celoso de nuestra relación con los demás. Tal vez hayas visto un letrero que dice: "Eso de amar a tu prójimo, va en serio." Y lo firmaba, "Dios". Esta semana aprenderemos aún más sobre amar, saber, conocer y permanecer.

OBSERVA

Líder: Lee en voz alta 1 Juan 2:15-17.
- *Marca las referencias a la palabra **amor** con un corazón como lo has hecho antes, y pide al grupo que repita en voz alta cuando la vea.*

DISCUTE

- ¿Qué aprendes al marcar las referencias a la palabra **amor** en este pasaje?

- De acuerdo a estos versículos, ¿qué crees que significa amar al mundo?

1 Juan 2:15-17

[15] No amen al mundo ni las cosas que están en el mundo. Si alguien ama al mundo, el amor del Padre no está en él.

[16] Porque todo lo que hay en el mundo, la pasión de la carne, la pasión de los ojos, y la arrogancia de la vida (las riquezas), no proviene del Padre, sino del mundo.

[17] El mundo pasa, y también sus pasiones, pero el que hace la voluntad de Dios permanece para siempre.

• ¿Que crees que significa "la pasión de la carne, la pasión de los ojos y la arrogancia de la vida" (versículo 16)? ¿Son estas tres cosas características de la vida de muchos que profesan a Cristo? ¿Y qué de tu vida?

• ¿Batallas con amar al mundo? ¿Cómo?

• De acuerdo a este pasaje, ¿quién vivirá para siempre?

OBSERVA

Hay un pasaje en el Antiguo Testamento que ilustra 1 Juan 2:16 perfectamente. Mientras lees Génesis 3:1-6, ten en mente las cosas que Juan nos dice que están en el mundo y que no son del Padre: "la pasión de la carne, la pasión de los ojos y la arrogancia de la vida".

Líder: Lee en voz alta Génesis 3:1-6.
*• Marca toda referencia a la **serpiente** con un tridente:*
*• Marca toda referencia a la **mujer** así:*

Genesis 3:1-6

¹ Y la serpiente era más astuta que cualquiera de los animales del campo que el Señor Dios había hecho. Y dijo a la mujer: "¿Conque Dios les ha dicho: 'No comerán de ningún árbol del huerto'?"

² La mujer respondió a la serpiente: "Del fruto de los árboles del huerto podemos comer;

³ pero del fruto del árbol que está en medio del huerto, Dios ha dicho: 'No comerán de él, ni lo tocarán, para que no mueran.'"

DISCUTE

- ¿Qué dijo Eva que se les había prohibido hacer a ella y a Adán?

- ¿Qué dijo la serpiente para seducir a la mujer a comer del fruto del árbol?

- ¿A qué apeló la serpiente en Eva?

- Observa cuidadosamente el versículo 6. ¿Hay algo allí que corresponda a
  "la pasión de la carne"
  "la pasión de los ojos"
  "la arrogancia de la vida"?
  ¿Qué es?

Eva escuchó a la serpiente—tomó del fruto prohibido y se lo dio a Adán. Ambos comieron y ese día se convirtieron en pecadores. La paga de su pecado fue la muerte.

[4] Y la serpiente dijo a la mujer: "Ciertamente no morirán.

[5] Pues Dios sabe que el día que de él coman, se les abrirán los ojos y ustedes serán como Dios, conociendo el bien y el mal."

[6] Cuando la mujer vio que el árbol era bueno para comer, y que era agradable[a] a los ojos, y que el árbol era deseable para alcanzar sabiduría[b], tomó de su fruto y comió. También dio a su marido que estaba con ella, y él comió.

Apocalipsis 12:9

Y fue arrojado el gran dragón, la serpiente antigua que se llama Diablo y Satanás, el cual engaña al mundo entero. Fue arrojado a la tierra y sus ángeles fueron arrojados con él.

Juan 8:44

Ustedes son de su padre el diablo y quieren hacer los deseos de su padre. Él fue un asesino desde el principio, y no se ha mantenido en la verdad porque no hay verdad en él. Cuando habla mentira, habla de su propia naturaleza, porque es mentiroso y el padre de la mentira.

• ¿Cómo nuestra sociedad y el mundo estimulan a:

"la pasión de la carne"?

"la pasión de los ojos"?

"la arrogancia de la vida"?

OBSERVA

¿Quién era la serpiente y cómo era? Su identidad y carácter están revelados en los siguientes pasajes:

Líder: Pide al grupo que lea Apocalipsis 12:9 y Juan 8:44.
• *Marca toda referencia al **diablo** con un tridente como éste:* Ψ

DISCUTE
• ¿Qué aprendiste en estos pasajes acerca del diablo, la serpiente antigua?

OBSERVA

Líder: Lee 1 Juan 2:18-29.

• *Marca toda referencia a **saber,** con una **S.***
• *Marca toda referencia a **permanecer** como lo has hecho antes:* ⌂
• *Marca anticristo así:* ✝

DISCUTE

• ¿Qué aprendes al marcar las referencias a *permanecer?*

• ¿Cuáles son las características de un creyente, de acuerdo a los versículos 23 y 29?

• ¿Qué aprendes al marcar las referencias al anticristo?

1 Juan 2:18-29

[18] Hijitos, es la última hora, y así como oyeron que el anticristo viene, también ahora han surgido muchos anticristos. Por eso sabemos que es la última hora.

[19] Ellos salieron de nosotros, pero en realidad no eran de nosotros, porque si hubieran sido de nosotros, habrían permanecido con nosotros. Pero salieron, a fin de que se manifestara que no todos son de nosotros.

[20] Pero ustedes tienen la unción del Santo, y todos ustedes lo saben.

[21] No les he escrito porque ignoren la verdad, sino porque la conocen y porque ninguna mentira procede de la verdad.

²² ¿Quién es el mentiroso, sino el que niega que Jesús es el Cristo (el Mesías)? Este es el anticristo, el que niega al Padre y al Hijo.

²³ Todo aquél que niega al Hijo tampoco tiene al Padre; el que confiesa al Hijo tiene también al Padre.

²⁴ En cuanto a ustedes, que permanezca en ustedes lo que oyeron desde el principio. Si en ustedes permanece lo que oyeron desde el principio, ustedes también permanecerán en el Hijo y en el Padre.

²⁵ Y ésta es la promesa que Él mismo nos hizo: la vida eterna.

• De acuerdo al versículo 19, cuando alguien dice ser cristiano y luego abandona la fe, ¿fue alguna vez cristiano? ¿Por qué una persona se aparta y deja el cristianismo?

• ¿Quiénes son los que permanecen?

• Juan da una de sus razones para escribir esta carta en el versículo 26. ¿Por qué la escribe?

• ¿Cómo están "los anticristos" tratando de engañar a los destinatarios de esta carta?

• En el versículo 28, ¿cuál es el mandamiento que da Juan? ¿Por qué?

[26] Les he escrito estas cosas respecto a los que están tratando de engañarlos.

[27] En cuanto a ustedes, la unción que recibieron de Él permanece en ustedes, y no tienen necesidad de que nadie les enseñe. Pero así como Su unción les enseña acerca de todas las cosas, y es verdadera y no mentira, y así como les ha enseñado, ustedes permanecen en Él.

• De acuerdo al versículo 29, si tú eres nacido de Dios y Él es tu Padre, ¿qué debes hacer?

ACLARACIÓN

Justicia es hacer las cosas conforme a las normas, mandamientos y preceptos de Dios, Su voluntad. Es hacer lo correcto. Es decirle a Dios, "te honraré como Dios. Viviré de la manera que Tú quieres que viva."

[28] Y ahora, hijos, permanezcan en Él, para que cuando se manifieste, tengamos confianza y no nos apartemos de Él avergonzados en Su venida.

[29] Si saben que Él es justo, saben también que todo el que hace justicia es nacido de Él.

FINALIZANDO

Todo verdadero hijo de Dios tiene "la unción del Santo" y esto es lo que nos capacita para conocer la verdad. Esta unción permanece en nosotros y de esa forma Dios mismo puede enseñarnos y afirmarnos que somos Sus hijos. Su Espíritu da testimonio a nuestro espíritu que somos hijos de Dios.

Sí tienes esta unción, amado, Su Espíritu está dentro de ti y nunca te apartarás de Dios, así como hemos visto en 1 Juan 2:20,27. Tal vez habrá ocasiones que te desvíes, pero si eres Su hijo siempre regresarás al camino. Así que afirma tu confesión de fe. Permanece en Él y no rehuyas el regresar a Jesús.

¿Cuáles serán las características de tu vida? Eso lo estudiaremos la semana entrante cuando veamos cuán gran amor nos ha dado el Padre y cómo Su amor dentro de nosotros confirma que Él es nuestro Padre.

La semana pasada aprendimos acerca de permanecer. ¿Estás permaneciendo en la verdad? ¿Estás permaneciendo en Cristo? En esta semana veremos 1 Juan 3. Mientras lees y estudias, nuestra oración es que el Espíritu Santo haga que los pasajes cobren vida en ti. Dios prometió que el Espíritu Santo nos dirigiría a la verdad. ¿Por qué no pides esa promesa en oración antes de empezar esta lección?

OBSERVA

Líder: Lee 1 Juan 3:1-12. Como antes, pide al grupo que repitan en voz alta y marquen:
- *la palabra **pecado(s)** con una **P** grande.*
- *la palabra **amor** y sus referencias con un corazón.*

Ahora lee 1 Juan 3:1-12 otra vez y pide al grupo que marque...
- *toda referencia a la frase **hijos de Dios** así: hijos de Dios*
- *toda referencia a la frase **hijos del diablo** así: hijos del diablo*
- *las palabra **sabemos** y **conocemos** con una **S.***

1 Juan 3:1-12

[1] Miren cuán gran amor[a] nos ha otorgado el Padre: que seamos llamados hijos de Dios. Y eso somos. Por esto el mundo no nos conoce, porque no Lo conoció a Él.

[2] Amados, ahora somos hijos de Dios y aún no se ha manifestado lo que habremos de ser. Pero sabemos que cuando Cristo se manifieste, seremos semejantes a Él, porque Lo veremos como Él es.

³ Y todo el que tiene esta esperanza puesta en Él, se purifica, así como Él es puro.

⁴ Todo el que practica el pecado, practica también la infracción de la ley, pues el pecado es infracción de la ley.

ACLARACIÓN

Los tiempos de los verbos son muy importantes en 1 Juan 3 porque nos ayudan a aclarar lo que Dios está diciendo acerca de los hijos de Dios y de los hijos del diablo. La palabra *practica* en este pasaje indica un verbo en tiempo presente, implicando una acción continua o habitual. Esto significa, como tú sabes, un patrón de conducta o un estilo de vida.

⁵ Ustedes saben que Cristo se manifestó a fin de quitar los pecados, y en Él no hay pecado.

⁶ Todo el que permanece en Él, no peca. Todo el que peca, ni Lo ha visto ni Lo ha conocido.

⁷ Hijos míos, que nadie los engañe. El que practica la justicia es justo, así como Él es justo.

DISCUTE

• Si mi esperanza para la vida eterna está puesta en Cristo, ¿qué voy hacer, según el versículo 3?

• ¿Cómo puede una persona que vive en este mundo que se opone a Dios, purificarse a sí misma?

• De acuerdo al versículo 4, ¿qué es cierto de alguien que "practica" (tiempo presente) el pecado?

- De acuerdo al versículo 5, ¿por qué se manifestó Cristo? ¿Hubo algún pecado en Él?

- En el versículo 6, ambas referencias a la palabra *pecado* están en tiempo presente. ¿Qué indica esto?

- También en el versículo 6, las palabras *visto* y *conocido* están en tiempo perfecto, lo que indica una acción completada en el pasado con un resultado presente o continuo. ¿Qué te dice esto?

- En el versículo 7, ¿quién es el que "practica" (tiempo presente) la justicia?

- ¿Estás practicando la justicia? Explica qué es justicia.

- De acuerdo al versículo 8, ¿qué aprendes acerca del que "practica" (tiempo presente) el pecado?

⁸ El que practica el pecado es del diablo, porque el diablo ha pecado desde el principio. El Hijo de Dios se manifestó con este propósito: para destruir las obras del diablo.

⁹ Ninguno que es nacido de Dios practica el pecado, porque la simiente de Dios permanece en él. No puede pecar, porque es nacido de Dios.

¹⁰ En esto se reconocen los hijos de Dios y los hijos del diablo: todo aquél que no practica la justicia, no es de Dios; tampoco aquél que no ama a su hermano.

¹¹ Porque éste es el mensaje que ustedes han oído desde el principio: que nos amemos unos a otros.

¹² No como Caín que era del maligno, y mató a su hermano. ¿Y por qué causa lo mató? Porque sus obras eran malas, y las de su hermano justas.

1 Juan 2:1

Hijitos míos, les escribo estas cosas para que no pequen. Y si alguien peca, tenemos Abogado (Intercesor) para con el Padre, a Jesucristo el Justo.

- ¿Estás practicando el pecado? ¿Qué es pecado? Busca 1 Juan 3:4.

- De acuerdo al versículo 9, ¿en qué no invierte tiempo el que es nacido de Dios? ¿Por qué no? ("Nacido de Dios" está en tiempo perfecto).

- De acuerdo al versículo 10, ¿cuáles son las dos características que evidencian a los hijos del diablo? (A propósito, la palabra *ama* y *amemos* en los versículos 10 y 11 están también en tiempo presente en el griego).

- Ahora repasa lo que has aprendido acerca de los hijos de Dios y de los hijos del diablo.

- ¿Puede un hijo de Dios pecar? Busca 1 Juan 2:1. El verbo pecado está en tiempo aoristo y por lo tanto se refiere a actos de pecado que no se cometen habitualmente. En 1 Juan 3:9, pecado está en tiempo presente. ¿Cuál es la diferencia?

- Cuándo una persona observa su vida de acuerdo a 1 Juan, ¿cómo podría saber quién es su Padre?

OBSERVA

Continuemos caminando a través de 1 Juan 3. Esta vez examinaremos los versículos 13-18.

Líder: Lee 1 Juan 3:13-18 y pide que el grupo marque...

- *Toda referencia a* **saber, conocer, permanecer, morar.**
- *las referencias a las palabras* **amar** ♡ **odiar y aborrecer** ⬦

ACLARACIÓN

La palabra traducida como ama en 1 Juan es la palabra Griega *agapao* (o uno de sus derivados). Esta palabra lleva la idea de un amor incondicional, que tiene en mente lo mejor para la otra persona. Es un amor que no se puede ganar. Y es un amor expresado aunque la otra persona no lo merezca.

DISCUTE

- De acuerdo al versículo 14, ¿cómo sabemos que hemos pasado de muerte a vida?

---

1 Juan 3:13-18

13 Hermanos, no se maravillen si el mundo los odia.

14 Nosotros sabemos que hemos pasado de muerte a vida porque amamos a los hermanos. El que no ama permanece en muerte.

15 Todo el que aborrece a su hermano es un asesino, y ustedes saben que ningún asesino tiene vida eterna permanente en él.

16 En esto conocemos el amor: en que Él puso Su vida por nosotros. También nosotros debemos poner nuestras vidas por los hermanos.

[17] Pero el que tiene bienes de este mundo, y ve a su hermano en necesidad y cierra su corazón contra él, ¿cómo puede morar el amor de Dios en él?

• ¿Cómo puedes mostrar que amas a otra persona? Mira los lugares en que has marcado las referencias a la palabra *amor*. Si el amor es tan importante para Dios, ¿cuáles son algunas formas prácticas en que podemos mostrar amor a alguien?

[18] Hijos, no amemos de palabra ni de lengua, sino de hecho y en verdad.

• Si no amas, ¿dónde permaneces (versículo 14)?

• Si aborreces, ¿tienes vida eterna en ti (versículo 15)? ¿Por qué?

• ¿Da Juan lugar a un punto intermedio entre amar y aborrecer? ¿Puedes no aborrecer a alguien y simplemente evitarlo? ¿Puedes decir honestamente, "yo amo a esa persona", pero no tendré nada que ver con él o ella? ¿Cómo se relaciona esto con el versículo 18?

OBSERVA

Ahora vamos a observar los siguientes versículos.

Líder: Lee en voz alta 1 Juan 3:19-24.
- *Marca las referencias a las palabras **saber, permanecer** y **amar** como lo has estado haciendo.*

DISCUTE

- ¿Cómo se relaciona "en esto sabremos", en el versículo 19, con los versículos 17 y 18?

- ¿Qué seguridad trae a nuestros corazones un amor como éste?

- ¿Cuáles son los dos mandamientos que el Señor nos dejó de acuerdo al versículo 23?

1 Juan 3:19-24

[19] En esto sabremos que somos de la verdad, y aseguraremos nuestros corazones delante de Él

[20] en cualquier cosa en que nuestro corazón nos condene. Porque Dios es mayor que nuestro corazón y Él sabe todas las cosas.

[21] Amados, si nuestro corazón no nos condena, confianza tenemos delante de Dios.

[22] Y todo lo que pidamos lo recibimos de Él, porque guardamos Sus mandamientos y hacemos las cosas que son agradables delante de Él.

²³ Y éste es Su mandamiento: que creamos en el nombre de Su Hijo Jesucristo, y que nos amemos unos a otros como Él nos ha mandado.

²⁴ El que guarda Sus mandamientos permanece en Él y Dios en él. Y en esto sabemos que Él permanece en nosotros: por el Espíritu que nos ha dado.

• ¿Qué aprendes al marcar *permanece* en el versículo 24?

• De acuerdo a todo lo que has aprendido esta semana, ¿qué caracteriza a un verdadero hijo de Dios?

FINALIZANDO

¿Eres un cristiano? Hay mucha confusión sobre esta pregunta en el mundo. Como has visto en nuestro estudio en la Palabra de Dios, no hay confusión en las Escrituras. Las características de un creyente son fáciles de observar, como también las del no creyente. ¿Qué de ti? ¿Es Dios tu Padre? ¿Qué de tu familia y amigos? El mundo grita, "¡no me juzgues!" Pero la Escritura ya lo ha hecho. El amar, obedecer, permanecer y conocer a Dios se manifiestan en lo externo como señales claras de un hijo de Dios. Esto no es confuso; la verdad es clara y fácil de observar.

Tal vez las Escrituras y el Espíritu Santo te han mostrado que tú no eres un hijo de Dios. ¿Por qué no le entregas tu vida a Él ahora? Él te ama y te recibirá tal como estés y luego te transformará. Él te llenará con un amor que nunca antes has experimentado. Sólo ora a Dios, confiésale que has pecado y que estás arrepentido, disponiéndote a un cambio de corazón. Dile que ahora quieres seguirle por completo y vivir justamente por el poder de Su Espíritu. Si entregas tu vida a Él, nunca más serás igual. Jamás lamentarás el haberte rendido a Él y sabrás con seguridad quién es tu Padre. El mundo también lo sabrá, porque empezarás a verte más y más como Él en la forma en que vives, piensas, actúas y hablas.

La semana pasada vimos de primera mano lo que dice la Palabra de Dios acerca de amar y aborrecer, de conocer a Dios y de saber que Él permanece en nosotros. Ese fue un estudio impresionante, pero Juan todavía tiene más que decir acerca de amar, conocer y permanecer. Esta semana verás por ti mismo lo importante que es el amar para nuestro Padre celestial. ¡Esto se menciona más de veinte veces en 1 Juan 4!

OBSERVA

Antes de ver lo que Dios nos dice acerca de amar, debemos saber cómo probar los espíritus para determinar si son de Dios o no. Recuerda, hemos visto que Juan escribió esta carta porque había gente, anticristos, que estaban tratando de engañar a aquellos que creían en Jesús.

Líder: Lee en voz alta 1 Juan 4:1-6. Pide al grupo que repitan en voz alta las siguientes palabras clave mientras las marcan:

- *Referencias a **espíritu**, incluyendo pronombres, con una nube como ésta:* 🗯

- *Toda referencia a **conocer** con una C.*

1 Juan 4:1-6

¹ Amados, no crean a todo espíritu, sino prueben los espíritus para ver si son de Dios, porque muchos falsos profetas han salido al mundo.

² En esto ustedes conocen el Espíritu de Dios: todo espíritu que confiesa que Jesucristo ha venido en carne, es de Dios.

³ Y todo espíritu que no confiesa a Jesús, no es de Dios, y éste es el espíritu del anticristo, del cual ustedes han oído que viene, y que ahora ya está en el mundo.

⁴ Hijos míos, ustedes son de Dios y han vencido a los falsos profetas, porque mayor es Aquél que está en ustedes que el que está en el mundo.

⁵ Ellos son del mundo; por eso hablan de parte del mundo, y el mundo los oye.

⁶ Nosotros somos de Dios. El que conoce a Dios, nos oye; el que no es de Dios, no nos oye. En esto conocemos el espíritu de la verdad y el espíritu del error.

DISCUTE
- Cuándo marcaste *espíritu,* ¿se refería a un solo espíritu? ¿Qué contraste descubriste?

OBSERVA
Líder: Pide al grupo que ponga una raya diagonal sobre toda referencia al espíritu que no es de Dios.

DISCUTE
- ¿Qué aprendiste acerca de los dos diferentes espíritus?

- De acuerdo a este pasaje, ¿cuál es una de las maneras de reconocer a un falso profeta?

- De acuerdo al versículo 4, ¿quién es mayor?

- Mira otra vez el versículo 4. ¿Dónde vive Dios si yo soy Su hijo?

- ¿Qué aprendiste al marcar la palabra *conocer*?

OBSERVA

Líder: *Lee en voz alta 1 Juan 4:7-11. Mientras lees, pide al grupo que marque...*

- *toda referencia a la palabra **amor** con un corazón.*
- *toda referencia a **Dios** con un triángulo.*

DISCUTE

- ¿Cómo se describe a Dios en estos versículos?

- ¿Cómo se manifiesta el amor de Dios (hecho reconocible, notable) en los versículos 9-11?

- ¿Qué más aprendiste al marcar las referencias a *amor*?

- ¿Cómo puede ayudar a un individuo el conocer estas verdades acerca del amor?

- De acuerdo a los versículos 7 y 8,
  ¿a quién debemos amar?
  ¿de dónde viene el amor?
  ¿qué es seguro acerca del que ama?
  ¿qué es seguro acerca del que no ama?

1 Juan 4:7-11

[7] Amados, amémonos unos a otros, porque el amor es de Dios, y todo el que ama es nacido de Dios y conoce a Dios.

[8] El que no ama no conoce a Dios, porque Dios es amor.

[9] En esto se manifestó el amor de Dios en nosotros: en que Dios ha enviado a Su Hijo unigénito al mundo para que vivamos por medio de Él.

[10] En esto consiste el amor: no en que nosotros hayamos amado a Dios, sino en que Él nos amó a nosotros y envió a Su Hijo como propiciación por nuestros pecados.

[11] Amados, si Dios así nos amó, también nosotros debemos amarnos unos a otros.

1 Juan 4:12-21

¹² A Dios nunca Lo ha visto nadie. Si nos amamos unos a otros, Dios permanece en nosotros y Su amor se perfecciona en nosotros.

¹³ En esto sabemos que permanecemos en Él y Él en nosotros: en que nos ha dado de Su Espíritu.

¹⁴ Y nosotros hemos visto y damos testimonio de que el Padre envió al Hijo para ser el Salvador del mundo.

¹⁵ Todo aquél que confiesa que Jesús es el Hijo de Dios, Dios permanece en él y él en Dios.

OBSERVA

Líder: *Lee en voz alta 1 Juan 4:12-21.*
- *Marca toda referencia a **permanecer** con una ⌂.*
- *Marca toda referencia a **saber, conocer** con una **S**.*
- *Marca toda referencia a **amar** con un ♡*

DISCUTE

- ¿Qué aprendiste al marcar *permanecer*?

- Si digo que amo a Dios y a la vez aborrezco a mi hermano, ¿qué soy (versículo 20)?

- Si Dios nos amó así, ¿qué deberíamos hacer? ¿Estás haciendo esto?

- ¿Qué aprendiste al marcar las palabras *saber, conocer* en los versículos 13 y 16?

• ¿Qué aprendiste específicamente acerca del amor?

• ¿Por qué amamos?

OBSERVA

¿Qué podemos aprender acerca de Dios en este pasaje?

Líder: Lee nuevamente 1 Juan 4:12-21.
• *Esta vez marca toda referencia a **Dios** con un triángulo.*

DISCUTE

• ¿Qué aprendiste acerca de Dios? Comenzando con el versículo 12, discute lo que aprendiste acerca de Él en cada versículo de este pasaje.

[16] Y nosotros hemos llegado a conocer y hemos creído el amor que Dios tiene para nosotros. Dios es amor, y el que permanece en amor permanece en Dios y Dios permanece en él.

[17] En esto se perfecciona el amor en nosotros, para que tengamos confianza en el día del juicio, pues como Él es, así somos también nosotros en este mundo.

[18] En el amor no hay temor, sino que el perfecto amor echa fuera el temor, porque el temor involucra castigo, y el que teme no es hecho perfecto en el amor.

[19] Nosotros amamos porque Él nos amó primero.

²⁰ Si alguien dice: "Yo amo a Dios," pero aborrece a su hermano, es un mentiroso. Porque el que no ama a su hermano, a quien ha visto, no puede amar a Dios a quien no ha visto.

²¹ Y este mandamiento tenemos de Él: que el que ama a Dios, ame también a su hermano.

Juan 3:16

"Porque de tal manera amó Dios al mundo, que dio a Su Hijo unigénito (único), para que todo aquél que cree en Él, no se pierda, sino que tenga vida eterna.

• ¿Cuáles son las características de un hijo de Dios, de acuerdo a este pasaje? Como antes, comienza desde el versículo 12 y discute cada uno individualmente.

OBSERVA

Dios es amor. Si somos hijos de Dios, debemos amar a nuestro hermano y a nuestro enemigo. Pero, ¿cuánto nos ama Dios? Veamos otros dos pasajes y tratemos de responder esta pregunta.

Líder: Lee en voz alta Juan 3:16 y Romanos 5:6-8. Pide al grupo que marque...

• *toda referencia a **Dios** con un triángulo.*
• *toda referencia a **Cristo** con una cruz.*

DISCUTE

• ¿Qué hizo Dios para demostrar Su amor por el mundo?

- ¿Cuándo murió Cristo por nosotros?

- ¿Qué hicimos nosotros para merecer la muerte de Cristo?

- ¿Qué aprendiste al marcar las referencias a *Dios*?

- ¿Qué aprendiste al marcar las referencias a *Cristo*?

- ¿Cuánto te ama Dios?

- ¿Te sorprende esto? ¿Es esto diferente de lo que pensabas? ¿Cómo te hace sentir?

- ¿Cómo podría este conocimiento afectar tu disposición de amar a otros? ¿Cómo podría este amor manifestarse por si mismo?

Romanos 5:6-8

[6] Porque mientras aún éramos débiles, a su tiempo Cristo murió por los impíos.

[7] Porque difícilmente habrá alguien que muera por un justo, aunque tal vez alguno se atreva a morir por el bueno.

[8] Pero Dios demuestra su amor para con nosotros, en que siendo aún pecadores, Cristo murió por nosotros.

FINALIZANDO

¿Empiezas a vislumbrar cuánto Dios te ama y cuánto Él desea mostrar al mundo Su amor a través de ti? El amor se expresa mejor por las acciones y ¡qué bien lo expresó Dios! Él dio el regalo supremo: Su Hijo Unigénito. Dios te ama tanto que aun mientras eras su enemigo, Cristo murió por ti.

Por lo tanto, si Cristo está en nosotros y nosotros estamos en Él, ¿es pedir demasiado que amemos a nuestro hermano? ¿A nuestro vecino? ¿A nuestro enemigo? Nosotros podemos discernir de quién somos hijos por la forma en que amamos.

Amigo, permanece en Él, anda en la luz, anda en amor.

En esta última semana vamos a examinar el quinto y último capítulo de 1 Juan. Veremos otra de las formas en que puedes saber que Dios es tu Padre.

OBSERVA
Comencemos con los primeros cinco versículos.

Líder: Lee en voz alta 1 Juan 5:1-5. Mientras lees, pide al grupo que marque...

- *toda referencia a **amar** con un* ♡.
- *toda referencia a **saber** con una* **S**.
- *toda referencia a la palabra **vencer** con una flecha curva como ésta:* ↗↘
- *la frase **nacido de Dios** y **nacido de Él** con un medio círculo como éste:* ⌣

DISCUTE
- De acuerdo al versículo 1, ¿cuáles son las dos características de un hijo de Dios, de alguien nacido de Él?

1 Juan 5:1-5

¹ Todo aquél que cree que Jesús es el Cristo es nacido de Dios. Todo aquél que ama al Padre, ama al que ha nacido de Él.

² En esto sabemos que amamos a los hijos de Dios: cuando amamos a Dios y guardamos Sus mandamientos.

³ Porque éste es el amor de Dios: que guardemos Sus mandamientos, y Sus mandamientos no son difíciles.

⁴ Porque todo lo que es nacido de Dios vence al mundo. Y ésta es la victoria que ha vencido al mundo: nuestra fe.

⁵ ¿Y quién es el que vence al mundo, sino el que cree que Jesús es el Hijo de Dios?

• ¿Qué aprendes sobre la palabra vencer en los versículos 4 y 5? ¿Cómo crees que esto se vive en la práctica?

• En caso de que lo pasaras por alto, ¿quién es el que vence al mundo?

• ¿Has vencido al mundo? O, ¿el mundo te ha vencido a ti? Si lo último es verdad, ¿cuál es tu situación para con Dios? ¿Eres Su hijo o no?

• De acuerdo a estos cinco versículos, ¿qué hay de cierto en cada persona nacida de Dios, quien tiene a Dios como su Padre?

OBSERVA

Veamos juntos los siguientes versículos. Estos versículos son teológicamente complicados y requieren estudiarse con mayor profundidad, sin embargo, veamos lo que nos dicen respecto a saber quién es nuestro Padre.

Líder: *Lee 1 Juan 5:6-12.*
- *Marca toda referencia a **Jesucristo** con una cruz.*
- *Marca las referencias a **testimonio** con un rectángulo:* ⬜

DISCUTE
- ¿Qué aprendes al marcar las referencias a *testimonio*?

- ¿De quién dan testimonio el Espìritu Santo y Dios?

---

1 Juan 5:6-12

⁶ Este es Aquél que vino mediante agua y sangre, Jesucristo; no sólo con agua, sino con agua y con sangre. Y el Espíritu es el que da testimonio, porque el Espíritu es la verdad.

⁷ Porque tres son los que dan testimonio en el cielo: el Padre, el Verbo y el Espíritu Santo, y estos tres son uno. Y tres son los que dan testimonio en la tierra:

⁸ el Espíritu, el agua, y la sangre, y los tres concuerdan.

⁹ Si recibimos el testimonio de los hombres, mayor es el testimonio de Dios; porque éste es el testimonio de Dios: que Él ha dado testimonio acerca de Su Hijo.

¹⁰ El que cree en el Hijo de Dios tiene el testimonio en sí mismo. El que no cree a Dios, ha hecho a Dios mentiroso, porque no ha creído en el testimonio que Dios ha dado respecto a Su Hijo.

• De acuerdo al versículo 10, ¿qué tiene dentro de él aquel que cree en el Hijo de Dios?

• De acuerdo al versículo 6, el Espíritu da testimonio. Por lo tanto, ¿quién está dentro del creyente?

¹¹ Y el testimonio es éste: que Dios nos ha dado vida eterna, y esta vida está en Su Hijo.

• ¿Qué características de un hijo de Dios son reveladas en este pasaje?

¹² El que tiene al Hijo tiene la vida, y el que no tiene al Hijo de Dios, no tiene la vida.

• ¿Qué aprendiste acerca de Jesucristo?

• ¿Qué aprendes de ti mismo en este pasaje?

OBSERVA

Líder: Lee 1 Juan 5:13-21 y pide al grupo que marque...

- *toda referencia a las palabras **saber** y **conocer**.*
- *toda referencia a **pecado(s)**.*
- *toda referencia a la **vida eterna**, subrayándola.*

DISCUTE

- ¿Qué aprendiste al marcar la palabra *saber, conocer*?

- ¿Qué aprendiste al marcar vida eterna? ¿Qué similitud tiene con 1 Juan 5:11-12?

- ¿Cómo puedes saber que tienes vida eterna?

- Después de haber estudiado estas seis semanas, ¿cuáles son algunas características de un hijo de Dios?

- ¿Qué aprendiste al marcar la palabra *pecado*?

1 Juan 5:13-21

[13] Estas cosas les he escrito a ustedes que creen en el nombre del Hijo de Dios, para que sepan que tienen vida eterna.

[14] Esta es la confianza que tenemos delante de Él, que si pedimos cualquier cosa conforme a Su voluntad, Él nos oye.

[15] Y si sabemos que Él nos oye en cualquier cosa que pidamos, sabemos que tenemos las peticiones que Le hemos hecho.

[16] Si alguien ve a su hermano cometiendo un pecado que no lleva a la muerte, pedirá, y por él Dios dará vida a los que cometen pecado que no lleva a la muerte.

Hay un pecado que lleva a la muerte; yo no digo que se deba pedir por ése.

[17] Toda injusticia es pecado, pero hay pecado que no lleva a la muerte.

[18] Sabemos que todo el que ha nacido de Dios, no peca; sino que Aquél que nació de Dios lo guarda y el maligno no lo toca.

[19] Sabemos que somos de Dios, y que el mundo entero está bajo el poder del maligno.

[20] Y sabemos que el Hijo de Dios ha venido y nos ha dado entendimiento a fin de que conozcamos a Aquél que es verdadero;

• ¿Qué te enseñan los versículos 14 y 15 acerca de la oración?

• Basándote en lo que has estudiado en 1 Juan, ¿por qué Dios responderá a la oración?

ACLARACIÓN

La frase cometer "un pecado que lleva a la muerte" en los versículos 16 y 17 es discutido entre los eruditos. Sin embargo, está claro que como no sabemos cuál es el "pecado que lleva a la muerte", al encontrar a un hermano en pecado, debemos orar por él.

• De acuerdo al versículo 18, ¿cuáles son las características de un hijo de Dios?

- Si yo pertenezco a Dios, ¿quién me guarda del pecado (dándome el poder para no pecar, ni vivir en pecado)?

y nosotros estamos en Aquél que es verdadero, en Su Hijo Jesucristo. Este es el verdadero Dios y la vida eterna.

[21] Hijos, aléjense de los ídolos.

- Ahora, mira nuevamente el versículo 13. ¿Por qué Juan escribió estas cosas?

- ¿Sabes si tienes vida eterna? Si no, entonces dile a Dios que la deseas, que quieres volverte del mundo, de tu pecado a Él y ser libre. Pídele que te haga justo y Él lo hará. Y recuerda, la victoria que vencerá al mundo será tu fe.

FINALIZANDO

¿Cuáles son las características de un hijo de Dios? Sé que ya las has visto, así que déjame preguntarte:

- ¿Estás caminado en obediencia al Padre?
- ¿Estás caminando en obediencia a la Palabra?
- ¿Está el Espíritu Santo presente en tu vida?
- ¿Estás amando a tu hermano? ¿A tu vecino? ¿A tu enemigo?

Si lo estás haciendo, entonces puedes estar seguro, basado en 1 Juan, que Dios es tu Padre. Si estas cosas no son verdad en tu vida, entonces, ¿quién es tu padre?

Por qué no toman un tiempo para orar como grupo, aún silenciosamente. Tal vez alguno de los presentes quiera tener a Dios como su Padre para nacer dentro de Su familia, recibir perdón de pecados y tener vida eterna. Si es así, simplemente dile a Dios que te arrepientes, que has cambiado tu manera de pensar y que vas a creer en Jesucristo, recibiéndolo como tu Salvador, Dios y Señor. Dios dijo, que a todos los que reciben a Jesucristo, Él les da el derecho de ser hechos hijos de Dios (Juan 1:12).

Que Dios te bendiga y te dé hambre por estudiar Su Palabra. Que Dios te dé apetito por el pan de vida y la disciplina para estudiar, aun cuando no sientas el deseo de hacerlo.

Esta singular serie de estudios bíblicos del equipo de enseñanza de Ministerios Precepto Internacional, aborda temas con los que luchan las mentes investigadoras; y lo hace en breves lecciones muy fáciles de entender e ideales para reuniones de grupos pequeños. Estos cursos de estudio bíblico, de la serie 40 minutos, pueden realizarse siguiendo cualquier orden. Sin embargo, a continuación te mostramos una posible secuencia a seguir:

Cómo Tomar Decisiones Que No Lamentarás

Cada día nos enfrentamos a innumerables decisiones y algunas de ellas pueden cambiar el curso de nuestras vidas para siempre. Entonces, ¿a dónde acudes en busca de dirección? ¿Qué debemos hacer cuando nos enfrentamos a una tentación? Este breve estudio te brindará una práctica y valiosa guía, al explorar el papel que tiene la Escritura y el Espíritu Santo en nuestra toma de decisiones.

Cómo Tener una Relación Genuina con Dios

A quienes tengan el deseo de conocer a Dios y relacionarse con Él de forma significativa, Ministerios Precepto abre la Biblia para mostrarles el camino a la salvación. Por medio de un profundo análisis de ciertos pasajes bíblicos cruciales, este esclarecedor estudio se enfoca en dónde nos encontramos con respecto a Dios, cómo es que el pecado evita que lo conozcamos y cómo Cristo puso un puente sobre aquel abismo que existe entre los hombres y su SEÑOR.

Ser un Discípulo: Considerando Su Verdadero Costo

Jesús llamó a Sus seguidores a ser discípulos. Pero el discipulado viene con un costo y un compromiso incluido. Este estudio da una mirada inductiva a cómo la Biblia describe al discípulo, establece las características de un seguidor de Cristo e invita a los estudiantes a aceptar Su desafío, para luego disfrutar de las eternas bendiciones del discipulado.

¿Vives lo que Dices?

Este estudio inductivo de Efesios 4 y 5, está diseñado para ayudar a los estudiantes a que vean por sí mismos, lo que Dios dice respecto al estilo de vida de un verdadero creyente en Cristo. Este estudio los capacitará para vivir de una manera digna de su llamamiento; con la meta final de desarrollar un andar diario con Dios, caracterizado por la madurez, la semejanza a Cristo y la paz.

Viviendo Una Vida de Verdadera Adoración

La adoración es uno de los temas del cristianismo peor entendidos; este estudio explora lo que la Biblia dice acerca de la adoración: ¿qué es? ¿Cuándo sucede? ¿Dónde ocurre? ¿Se basa en las emociones? ¿Se limita solamente a los domingos en la iglesia? ¿Impacta la forma en que sirves al SEÑOR? Para éstas y más preguntas, este estudio nos ofrece respuestas bíblicas novedosas.

Descubriendo lo que Nos Espera en el Futuro

Con todo lo que está ocurriendo en el mundo, las personas no pueden evitar cuestionarse respecto a lo que nos espera en el futuro. ¿Habrá paz alguna vez en la tierra? ¿Cuánto tiempo vivirá el mundo bajo la amenaza del terrorismo? ¿Hay un horizonte con un solo gobernante mundial? Esta fácil guía de estudio conduce a los lectores a través del importante libro de Daniel; libro en el que se establece el plan de Dios para el futuro.

Cómo Liberarse de los Temores

La vida está llena de todo tipo de temores que asaltan tu mente, angustian tu alma y te traen estrés innecesario. Pero no tienes por qué permanecer cautivo de tus temores. En este estudio de seis semanas aprenderás cómo enfrentar tus circunstancias con fuerza y valentía viviendo en el temor del Señor – el temor que vence todos los demás temores y te libera para vivir caminando en fe.

Dinero y Posesiones: La Búsqueda del Contentamiento

Nuestra actitud hacia el dinero y las posesiones reflejará la calidad de nuestra relación con Dios. Y, de acuerdo con las Escrituras, nuestra visión del dinero nos muestra dónde está descansando nuestro verdadero amor. En este estudio, los lectores escudriñarán las Escrituras para aprender de dónde proviene el dinero, cómo se supone que debemos manejarlo y cómo vivir una vida abundante, sin importar su actual situación financiera.

Cómo puede un Hombre Controlar Sus Pensamientos, Deseos y Pasiones

Este estudio capacita a los hombres con la poderosa verdad de que Dios ha provisto todo lo necesario para resistir la tentación; y lo hace, a través de ejemplos de hombres en las Escrituras, algunos de los cuales cayeron en pecado y otros que se mantuvieron firmes. Aprende cómo escoger el camino de pureza, para tener la plena confianza de que, a través del poder del Espíritu Santo y la Palabra de Dios, podrás estar algún día puro e irreprensible delante de Dios.

Viviendo Victoriosamente en Tiempos de Dificultad

Vivimos en un mundo decadente, poblado por gente sin rumbo y no podemos escaparnos de la adversidad y el dolor. Sin embargo, y por alguna razón, los difíciles tiempos que se viven actualmente son parte del plan de Dios y sirven para Sus propósitos. Este valioso estudio ayuda a los lectores a descubrir cómo glorificar a Dios en medio del dolor; al tiempo que aprenden cómo encontrar gozo aún cuando la vida parezca injusta y a conocer la paz que viene al confiar en el Único que puede brindar la fuerza necesaria en medio de nuestra debilidad.

Edificando un Matrimonio que en Verdad Funcione

Dios diseñó el matrimonio para que fuera una relación satisfactoria y realizadora; creando a hombres y mujeres para que ellos—juntos y como una sola carne—pudieran reflejar Su amor por el mundo. El matrimonio, cuando es vivido como Dios lo planeó, nos completa, nos trae gozo y da a nuestras vidas un fresco significado. En este estudio, los lectores examinarán el diseño de Dios para el matrimonio y aprenderán cómo establecer y mantener el tipo de matrimonio que trae gozo duradero.

El Perdón: Rompiendo el Poder del Pasado

El perdón puede ser un concepto abrumador, sobre todo para quienes llevan consigo profundas heridas provocadas por difíciles situaciones de su pasado. En este estudio innovador, obtendrás esclarecedores conceptos del perdón de Dios para contigo, aprenderás cómo responder a aquellos que te han tratado injustamente y descubrirás cómo la decisión de perdonar rompe las cadenas del doloroso pasado y te impulsa hacia un gozoso futuro.

Elementos Básicos de la Oración Efectiva

Esta perspectiva general de la oración te guiará a una vida de oración con más fervor, a medida que aprendes lo que Dios espera de tus oraciones y qué puedes esperar de Él. Un detallado examen del Padre Nuestro y de algunos importantes principios obtenidos de ejemplos de oraciones a través de la Biblia, te desafiarán a un mayor entendimiento de la voluntad de Dios, Sus caminos y Su amor por ti mientras experimentas lo que significa verdaderamente el acercarse a Dios en oración.

Cómo se Hace un Líder al Estilo de Dios

¿Qué espera Dios de quienes Él coloca en lugares de autoridad? ¿Qué características marcan al verdadero líder efectivo? ¿Cómo puedes ser el líder que Dios te ha llamado a ser? Encontrarás las respuestas a éstas y otras preguntas, en este poderoso estudio de cuatro importantes líderes de Israel—Elí, Samuel, Saúl y David— cuyas vidas señalan principios que necesitamos conocer como líderes en nuestros hogares, en nuestras comunidades, en nuestras iglesias y finalmente en nuestro mundo.

¿Qué Dice la Biblia Acerca del Sexo?

Nuestra cultura está saturada de sexo, pero muy pocos tienen una idea clara de lo que Dios dice acerca de este tema. En contraste a la creencia popular, Dios no se opone al sexo; únicamente, a su mal uso. Al aprender acerca de las barreras o límites que Él ha diseñado para proteger este regalo, te capacitarás para enfrentar las mentiras del mundo y aprender que Dios quiere lo mejor para ti.

Principios Clave para el Ayuno Bíblico

La disciplina espiritual del ayuno se remonta a la antigüedad. Sin embargo, el propósito y naturaleza de esta práctica a menudo es malentendida. Este vigorizante estudio explica por qué el ayuno es importante en la vida del creyente promedio, resalta principios bíblicos para el ayuno efectivo y muestra cómo esta poderosa disciplina lleva a una conexión más profunda con Dios.

Entendiendo los Dones Espirituales

¿Qué son Dones Espirituales?
El tema de los dones espirituales podría parecer complicado: ¿Quién

tiene dones espirituales – "las personas espirituales" o todo el mundo? ¿Qué son dones espirituales?

Entender los Dones Espirituales te lleva directamente a la Palabra de Dios, para descubrir las respuestas del Mismo que otorga el don. A medida que profundizas en los pasajes bíblicos acerca del diseño de Dios para cada uno de nosotros, descubrirás que los dones espirituales no son complicados – pero sí cambian vidas.

Descubrirás lo que son los dones espirituales, de dónde vienen, quiénes los tienen, cómo se reciben y cómo obran dentro de la iglesia. A medida que estudias, tendrás una nueva visión de cómo puedes usar los dones dados por Dios para traer esperanza a tu hogar, tu iglesia y a un mundo herido.

Viviendo Como que le Perteneces a Dios

¿Pueden otros ver que le perteneces a Dios?

Dios nos llama a una vida de gozo, obediencia y confianza. Él nos llama a ser diferentes de quienes nos rodean. Él nos llama a ser santos.

En este enriquecedor estudio, descubrirás que la santidad no es un estándar arbitrario dentro de la iglesia actual o un objetivo inalcanzable de perfección intachable. La santidad se trata de agradar a Dios – vivir de tal manera que sea claro que le perteneces a Él. La santidad es lo que te hace único como un creyente de Jesucristo.

Ven a explorar la belleza de vivir en santidad y ver por qué la verdadera santidad y verdadera felicidad siempre van de la mano.

Amando a Dios y a los demás

¿Qué quiere realmente Dios de ti?

Es fácil confundirse acerca de cómo agradar a Dios. Un maestro de Biblia te da una larga lista de mandatos que debes guardar. El siguiente te dice que solo la gracia importa. ¿Quién está en lo correcto?

Hace siglos, en respuesta a esta pregunta, Jesús simplificó todas las reglas y regulaciones de la Ley en dos grandes mandamientos: amar a Dios y a tu prójimo.

Amar a Dios y a los demás estudia cómo estos dos mandamientos definen el corazón de la fe Cristiana. Mientras descansas en el conocimiento de lo que Dios te ha llamado a hacer, serás desafiado a vivir estos mandamientos – y descubrir cómo obedecer los simples mandatos de Jesús transformarán no solo tu vida sino también las vidas de los que te rodean.

Distracciones Fatales: Conquistando Tentaciones Destructivas

¿Está el pecado amenazando tu progreso espiritual? Cualquier tipo de pecado puede minar la efectividad del creyente, pero ciertos pecados pueden enraizarse tanto en sus vidas - incluso sin darse cuenta - que se vuelven fatales para nuestro crecimiento espiritual. Este estudio trata con seis de los pecados "mortales" que amenazan el progreso espiritual: Orgullo, Ira, Celos, Glotonería, Pereza y Avaricia. Aprenderás cómo identificar las formas sutiles en las que estas distracciones fatales pueden invadir tu vida y estarás equipado para conquistar estas tentaciones destructivas para que puedas madurar en tu caminar con Cristo.

La Fortaleza de Conocer a Dios

Puede que sepas acerca de Dios, pero ¿realmente sabes lo que Él dice acerca de Sí mismo – y lo que Él quiere de ti?
Este estudio esclarecedor te ayudará a ganar un verdadero entendimiento del carácter de Dios y Sus caminos. Mientras descubres por ti mismo quién es Él, serás llevado hacia una relación más profunda y personal con el Dios del universo – una relación que te permitirá mostrar confiadamente Su fuerza en las circunstancias más difíciles de la vida.

Guerra Espiritual: Venciendo al Enemigo

¿Estás preparado para la batalla?
Ya sea que te des cuenta o no, vives en medio de una lucha espiritual. Tu enemigo, el diablo, es peligroso, destructivo y está determinado a alejarte de servir de manera efectiva a Dios. Para poder defenderte a ti mismo de sus ataques, necesitas conocer cómo opera el enemigo. A través de este estudio de seis semanas, obtendrás un completo conocimiento de las tácticas e insidias del enemigo. Mientras descubres la verdad acerca de Satanás – incluyendo los límites de su poder – estarás equipado a permanecer firme contra sus ataques y a desarrollar una estrategia para vivir diariamente en victoria.

Volviendo Tu Corazón Hacia Dios

Descubre lo que realmente significa ser bendecido.
En el Sermón del Monte, Jesús identificó actitudes que traen el favor de Dios: llorar sobre el pecado, demostrar mansedumbre, mostrar misericordia, cultivar la paz y más. Algunas de estas frases se han vuelto tan familiares que hemos perdido el sentido de su significado. En este poderoso estudio, obtendrás un fresco entendimiento de lo que significa alinear tu vida con las prioridades de Dios. Redescubrirás por qué la palabra bendecido significa caminar en la plenitud y satisfacción de Dios, sin importar tus circunstancias. A medida que miras de cerca el significado detrás de cada una de las Bienaventuranzas, verás cómo estas verdades dan forma a tus decisiones cada día – y te acercan más al corazón de Dios.

Esperanza Después del Divorcio

Con el divorcio surgen muchas preguntas, dolor y frustración. ¿Qué voy a hacer? ¿Cómo sobreviviré? ¿Qué hay de los niños? ¿Qué pensará la gente de mí? ¿Qué piensa Dios de mí? ¿Cómo puedes superar esto? ¿Vivir con ello? A través de este estudio de seis semanas descubrirás verdades bíblicas sólidas que te ayudarán a ti o a un ser querido a recuperarse del dolor, debido al fin de un matrimonio. Aquí encontrarás consejos prácticos y motivadores, así como también la certeza del amor y poder redentor de Dios, trabajando en incluso las situaciones más difíciles mientras sales adelante con una perspectiva piadosa de tu nueva realidad.

El Cielo, El Infierno y la Vida Después de la Muerte

Descubre lo que Dios dice acerca de la muerte, el morir y la vida después de la muerte.

Muchas personas están intrigadas por lo que les espera detrás de la puerta, pero vivimos en una era bombardeada de puntos de vista en conflicto. ¿Cómo podemos estar seguros de lo que es verdad?

En este estudio esclarecedor, examinarás las respuestas de la Biblia acerca de la muerte y lo que viene después. A medida que confrontas la inevitabilidad de la muerte en el contexto de la promesa del cielo y la realidad del infierno, serás desafiado a examinar tu corazón — y al hacerlo, descubrir que al aferrarte a la promesa de la vida eterna, el aguijón de la muerte es reemplazado con paz.

ACERCA DE MINISTERIOS PRECEPTO INTERNACIONAL

Ministerios Precepto Internacional fue levantado por Dios para el solo propósito de establecer a las personas en la Palabra de Dios para producir reverencia a Él. Sirve como un brazo de la iglesia sin ser parte de una denominación. Dios ha permitido a Precepto alcanzar más allá de las líneas denominacionales sin comprometer las verdades de Su Palabra inerrante. Nosotros creemos que cada palabra de la Biblia fue inspirada y dada al hombre como todo lo que necesita para alcanzar la madurez y estar completamente equipado para toda buena obra de la vida. Este ministerio no busca imponer sus doctrinas en los demás, sino dirigir a las personas al Maestro mismo, Quien guía y lidera mediante Su Espíritu a la verdad a través de un estudio sistemático de Su Palabra. El ministerio produce una variedad de estudios bíblicos e imparte conferencias y Talleres Intensivos de entrenamiento diseñados para establecer a los asistentes en la Palabra a través del Estudio Bíblico Inductivo.

Jack Arthur y su esposa, Kay, fundaron Ministerios Precepto en 1970. Kay y el equipo de escritores del ministerio producen estudios **Precepto sobre Precepto,** Estudios **In & Out**, estudios de la **serie Señor**, estudios de la **Nueva serie de Estudio Inductivo,** estudios **40 Minutos** y **Estudio Inductivo de la Biblia Descubre por ti mismo para niños.** A partir de años de estudio diligente y experiencia enseñando, Kay y el equipo han desarrollado estos cursos inductivos únicos que son utilizados en cerca de 185 países en 70 idiomas.

MOVILIZANDO

Estamos movilizando un grupo de creyentes que "manejan bien la Palabra de Dios" y quieren utilizar sus dones espirituales y talentos para alcanzar 10 millones más de personas con el estudio bíblico inductivo.

Si compartes nuestra pasión por establecer a las personas en la Palabra de Dios, te invitamos a leer más. Visita **www.precept.org/Mobilize** para más información detallada.

RESPONDIENDO AL LLAMADO

Ahora que has estudiado y considerado en oración las escrituras, ¿hay algo nuevo que debas creer o hacer, o te movió a hacer algún cambio en tu vida? Es una de las muchas cosas maravillosas y sobrenaturales que resultan de estar en Su Palabra – Dios nos habla.

En Ministerios Precepto Internacional, creemos que hemos escuchado a Dios hablar acerca de nuestro rol en la Gran Comisión. Él nos ha dicho en Su Palabra que hagamos discípulos enseñando a las personas cómo estudiar Su Palabra. Planeamos alcanzar 10 millones más de personas con el Estudio Bíblico Inductivo.

Si compartes nuestra pasión por establecer a las personas en la Palabra de Dios, ¡te invitamos a que te unas a nosotros! ¿Considerarías en oración aportar mensualmente al ministerio? Si ofrendas en línea en **www.precept. org/ATC**, ahorramos gastos administrativos para que tus dólares alcancen a más gente. Si aportas mensualmente como una ofrenda mensual, menos dólares van a gastos administrativos y más van al ministerio. Por favor ora acerca de cómo el Señor te podría guiar a responder el llamado.

COMPRA CON PROPÓSITO
Cuando compras libros, estudios, audio y video, por favor cómpralos de Ministerios Precepto a través de nuestra tienda en línea (**http://store.precept.org/**) o en la oficina de Precepto en tu país. Sabemos que podrías encontrar algunos de estos materiales a menor precio en tiendas con fines de lucro, pero cuando compras a través de nosotros, las ganancias apoyan el trabajo que hacemos:

• Desarrollar más estudios bíblicos inductivos
• Traducir más estudios en otros idiomas
• Apoyar los esfuerzos en 185 países
• Alcanzar millones diariamente a través de la radio y televisión
• Entrenar pastores y líderes de estudios bíblicos alrededor del mundo
• Desarrollar estudios inductivos para niños para comenzar su viaje con Dios
• Equipar a las personas de todas las edades con las habilidades es estudio bíblico que transforma vidas

Cuando compras en Precepto, ¡ayudas a establecer a las personas en la Palabra de Dios!

www.ingramcontent.com/pod-product-compliance
Lightning Source LLC
Chambersburg PA
CBHW071848020426
42331CB00007B/1914